PROJET

D'UNE

CAPITALE MODÈLE

TEXTE ET PLANS

PAR

ALC. MATHIEU

ASSOCIÉ FONDATEUR DES MINES DE DŒUCHY ET COURRIÈRES

PARIS

J. BAUDRY, LIBRAIRE-ÉDITEUR

15, RUE DES SAINTS-PÈRES

1880

PROJET

D'UNE

CAPITALE MODÈLE

Quantin Imprimeur
Benoit 7 à Paris

PROJET

D'UNE

CAPITALE MODÈLE

TEXTE ET PLANS

PAR

ALC. MATHIEU

ASSOCIÉ FONDATEUR DES MINES DE DOUCHY ET COURRIÈRES

PARIS

J. BAUDRY, LIBRAIRE-ÉDITEUR

45, RUE DES SAINTS-PÈRES

—

1880

PROJET

D'UNE

CAPITALE MODÈLE

AVANT-PROPOS

Les nations sont ou insulaires, comme l'Angleterre, Madagascar, et presque insulaires, comme l'Italie, maritimes, comme la France et l'Espagne, ou totalement dépourvues de côtes, comme la Bavière, ce qui est un obstacle au progrès industriel, commercial, agricole, au développement de la richesse et de la puissance nationale.

Aujourd'hui la nécessité d'expéditions rapides, d'importations et d'exportations diverses, de débouchés nombreux, démontre, par exemple, que Paris, dont le commerce est si important au monde, aurait encore plus d'activité et verrait ses affaires augmenter dans des proportions plus notables, s'il était plus près de la mer.

Quant à placer une capitale sur le bord de la mer, on n'y doit pas songer, parce qu'elle doit, autant que possible, se rapprocher des provinces, malgré la multiplicité des voies ferrées, routes et canaux, et la facilité de l'augmenter encore; cette métropole ne doit pas être exclusivement maritime, elle est aussi politique, gouvernementale, scientifique, etc.; en cas de guerre, il y aurait pour elle trop de dangers à courir, trop d'intérêts engagés, et peut-être trop de pertes irréparables, pour le pays, à essuyer : de si terribles éventualités sont à éviter.

Notre plan donne, nous le pensons, une juste mesure, dans ce qui doit être fait; toutefois, comme nous l'indiquons dans un ouvrage précédent : *Projet de canaux maritimes à travers l'Europe*, pour Paris un long canal maritime offrirait déjà de grands avantages; on en

1

retirerait de plus grands, si l'on pouvait en faire deux côte à côte, un pour l'aller, un pour le retour, aboutissant à des docks placés en avant de la grande ville, mais ces sortes d'embranchements présentent malheureusement de grandes difficultés, ce n'est pas ici que nous devons chercher à les résoudre; pour le moment, nous avons à développer l'étude d'une capitale modèle.

CHAPITRE IER

DU RÔLE D'UNE MÉTROPOLE

Le xix° siècle, siècle de lumière et de progrès, malgré la civilisation qu'il amène partout, l'industrie et le commerce qu'il étend au loin, le travail et l'instruction qu'il répand, même chez les peuples qui sont le plus rebelles à ses bienfaits, est loin d'avoir doté les nations les plus actives et les plus riches de toutes les perfections dont elles sont susceptibles, suivant les lois et la science de l'économie politique, surtout pour ce qui regarde leur métropole et son importance.

Leur progrès peut cependant dès à présent se mesurer à l'étendue, au développement en tout genre de cette métropole, et l'on peut dire, en thèse générale, que c'est à ces signes qu'on reconnaîtra toujours la puissance politique et commerciale d'un peuple. La capitale est en effet à la vie de ce peuple ce que le cœur est à la vie humaine ; par elle le pays, la représentation nationale, l'autorité gouvernementale, acquièrent un relief plus brillant; d'elle partent l'impulsion politique et législative, les directions financière, militaire, maritime, coloniale, universitaire, religieuse, judiciaire, scientifique, commerciale, administrative, maintenant tous les services dans un courant normal et progressif à la fois ; par la concentration générale, le contrôle universel, elle rassure la nation sur la marche des affaires comme sur sa propre existence et la sécurité des intérêts, non seulement contre les dangers intérieurs, mais encore contre ceux de l'extérieur menaçant de détruire l'harmonie nationale et internationale établie par le droit des gens, et l'équilibre général nécessaire au commerce, à la paix, au progrès, au travail, qui rendent un peuple heureux en améliorant ses destinées.

Par la centralisation gouvernementale, la marche des affaires dans toutes les branches devient plus facile de quelque matière qu'il s'agisse ; on n'a jamais pu, on ne pourra jamais décentraliser que sur des affaires inférieures ; l'antiquité nous montre combien il en a coûté à certains peuples pour avoir agi autrement, et la décadence de l'empire romain nous fait voir que la décentralisation, donnant trop de pouvoir à trop de proconsuls à la fois, engendra ces compétitions ambitieuses qui divisèrent l'Empire en deux parties et hâtèrent la ruine de l'une et de l'autre.

L'organisation générale était pourtant à Rome très puissante et son développement assez redoutable; aussi, pendant un temps assez long, fit-elle sentir efficacement son autorité souveraine, sénatoriale, prétorienne et populaire jusqu'aux extrêmes limites de l'Empire;

mais le relâchement dans les institutions, les mœurs, la discipline, accrut tout le mal par son action dissolvante, lorsque, suivant la loi fatale qui presque toujours fait et défait les États, la nation fut arrivée au comble de la puissance par l'étendue de possessions trop diverses, trop lointaines, trop vastes, pour pouvoir être gouvernées d'une manière homogène, indivisible, et conservées au domaine des Césars.

Cette ville superbe, reine des cités du monde d'alors, plus riche et plus puissante que ne furent jamais Thèbes aux cent portes, Memphis aux temples souterrains, Babylone avec ses jardins suspendus, Ninive la ville des satrapes puissants, Carthage aux vastes citernes et aux magasins voûtés, Athènes avec ses marbres, son Acropolis, Tyr avec ses ports et sa richesse, Syracuse aux merveilles créées par Archimède et Denys le Tyran, ressentit bien plus que la ville de Constantin la secousse qui ébranla le vaste empire, quand les Barbares se répandirent comme un torrent sur ses provinces et sur elle; et bientôt, après le pillage, il ne resta que des ruines de sa gloire et de ses monuments.

Ainsi tombèrent avant le sien les empires de Cyrus, d'Alexandre, de Sésostris, les républiques d'Athènes, de Sparte, de Syracuse; la puissance occidentale ensuite; ainsi depuis fut démembré l'empire de Charlemagne, et deux fois faillit périr la France assaillie, sous les deux Napoléon, par les plus formidables coalitions guerrières de nos temps modernes, leçons suprêmes qui ne seront pas perdues désormais, car les peuples comprennent que le temps des conquêtes est passé, que le progrès moderne, la solution de tous les problèmes sociaux équitables, l'amélioration relative des destinées humaines, exigent la paix, condamnent la guerre.

Pour arriver à ces perfections, ce n'est pas trop de concentrer fortement les pouvoirs dans la capitale, d'améliorer les institutions, de respecter les constitutions des autres peuples, de faire respecter ses frontières en respectant les leurs, d'accroître par tous les bons procédés l'accord général qui doit être la vie normale nationale dans le présent et dans l'avenir, d'augmenter encore les éléments du travail, du commerce, de la navigation, de l'industrie, de l'agriculture, de l'instruction scientifique, professionnelle et primaire, de rendre ces deux dernières, relativement aux facultés, aux aptitudes des individus des deux sexes, obligatoire partout, de donner encore plus d'extension à la prospérité au dedans comme de puissance au dehors.

Comment pourrait-on arriver à ces résultats, où toute nation doit tendre, et qui sont les principes mêmes de son existence, si cette nation ne travaille pas assidûment à cette tâche, n'agit pas : 1° patriotiquement et justement en maintenant l'esprit politique, l'unité nationale dans une loi stricte et parfaite; 2° financièrement avec justesse; 3° administrativement avec mesure; 4° politiquement avec la dignité et la modération qui n'excluent pas la force; 5° ne permet pas ainsi à l'esprit d'entreprises de se développer, et aux municipalités, à celle de la capitale surtout, d'apporter encore plus de perfections et d'embellissements utiles, pour le plus grand avantage des habitants auxquels elle se doit comme à l'État.

C'est ce qui a été compris par la plupart des nations d'Europe et du Nouveau-Monde, en Italie pour Turin, en Russie pour Saint-Pétersbourg, en Amérique pour New-York; aussi trouve-t-on dans ces capitales plus modernes, plus de régularité d'harmonie, si ce n'est plus de facilités, un ensemble de constructions plus uniformes que dans les capitales anciennes.

Mais, si dans ces dernières qui ont tant fait, comme Paris par exemple, renouvelé de fond en comble, on ne trouve pas cet ensemble économique et symétrique, on le sait, c'est à la lenteur apportée jadis par des systèmes condamnés heureusement depuis, à des séries d'événements funestes ou retardant la marche des progrès de toute nature, qui peuvent seuls donner les moyens de fonder de grandes choses, qu'il faut s'en prendre. Heureusement des conquêtes libérales, des tendances pacifiques, des systèmes plus profitables rapprochant les peuples de plus en plus, activant le travail, lui offrant des débouchés, augmentant les recettes de l'État avec le revenu des particuliers, celles des municipalités ou communes avec le produit des octrois, permettent aux gouvernements de propager les travaux d'intérêt national, comme aux villes et à chaque capitale d'apporter des embellissements, des facilités publiques, commerciales et autres, et des appropriations économiques partout.

De là ces extensions dans les constructions nouvelles et progressives, surtout à Paris, vrai foyer de lumières; de là ces agrandissements pour et dans les spécialités commerciales, pour des approvisionnements plus complets, des achats, des réassortiments de toute nature; de là cette plus-value dans les propriétés, les fonds commerciaux, les terrains, que l'ordre et la paix feront croître encore; de là, par l'intelligence des gouvernements et des édiles, la propagation de l'instruction en tous genres dans des écoles modèles, lycées, cours publics, académies, par l'initiative et sous le contrôle du gouvernement, donnant tous les moyens d'acquérir la science, gratuitement pour ainsi dire, aux habitants de la capitale, aux provinciaux, et même aux étrangers, aussi avides de toutes connaissances utiles et pratiques qu'amoureux du beau artistique; mais, nous le répétons, on n'a pu donner aux capitales, ainsi construites par portions successives et métamorphosées par les besoins d'agrandissement, un ensemble, un caractère complet et imposant, tant par la régularité et l'ordre architectural heureux, que par l'assemblage économique et complet de ses monuments, édifices, etc., chacun suivant la destination qui lui est propre, et la série bien comprise d'établissements d'utilité publique et autres, ensemble dont nous donnons une idée dans le chapitre suivant.

CHAPITRE II

PLAN IDÉAL D'UNE CAPITALE MODERNE

Avant tout, pour les relations, les facilités en tous genres, pour les avantages plus nombreux, la position de la capitale serait telle que des voies diverses pour arriver aux frontières nord et sud les plus voisines seraient du point ouest d'une égale longueur à peu près, ce qui ferait que la métropole serait pour ainsi dire à la nation ce que le château de Carlsruhe est à cette ville gouvernementale.

Il faudrait, en second lieu, un espace heureusement placé à soixante-cinq kilomètres de la mer, entre deux embranchements égaux d'un grand fleuve qui y conduit directement, ainsi qu'à une ville maritime de seconde classe qui serait à l'embouchure du fleuve ; on aurait, en outre (voir pl. I), deux autres villes de quatrième classe où aboutiraient deux canaux maritimes, un pour chaque côté des docks : tous les navires reviendraient par ce fleuve. Ce premier emplacement aurait huit à neuf kilomètres de longueur sur cinq à six de largeur, s'élevant uniformément et graduellement vers un sommet bien central présentant vingt-cinq mètres d'altitude au moins, et ayant une forme concave ressemblant à une presqu'île (voir pl. I). C'est là qu'on établirait, au point central précis : 1° le palais du chef de l'État ayant plusieurs étages, un dôme et une quadruple colonnade dans son carré parfait (voir pl. IX) (autour de ce palais, où aboutiraient quatre grandesvo ies, seraient quatre jardins distincts en angle) ; 2° tous les ministères, les musées de peinture, de sculpture de l'État, le Sénat, le Trésor, la Chambre des députés, le Conseil d'État, la Cour des comptes, placés en deux carrés avec arcades, avec la continuation des quatre voies du palais du chef de l'État les coupant dans la même largeur et avec séparation assez large pour former une voie carrossable large, dans leur double carré respectif ; ces bâtiments tous uniformes et commodément aménagés seraient moins hauts que le palais avec dôme du centre ; 3° en troisième lieu, toujours en carré et séparés du ministère par une voie plus large ayant des squares, des stations pour un chemin de fer souterrain, des statues, des fontaines, des candélabres riches, des trottoirs, seraient la Bourse, la Banque, la Poste, la direction des télégraphes, les Archives, les musées archéologiques, ethnographiques, l'Hôtel de Ville, la Cathédrale, la Préfecture de la capitale (voir pl. II), la Légion d'honneur ou chancellerie militaire, l'Assistance publique, le garde-meubles, les remises et écuries du chef de l'État, et laissant sur leur grande largeur les quatre voies principales commencer les boulevards en croix, immédiatement après les bâtiments principaux que nous venons de nommer, et ayant cinq ou quatre étages, seraient des

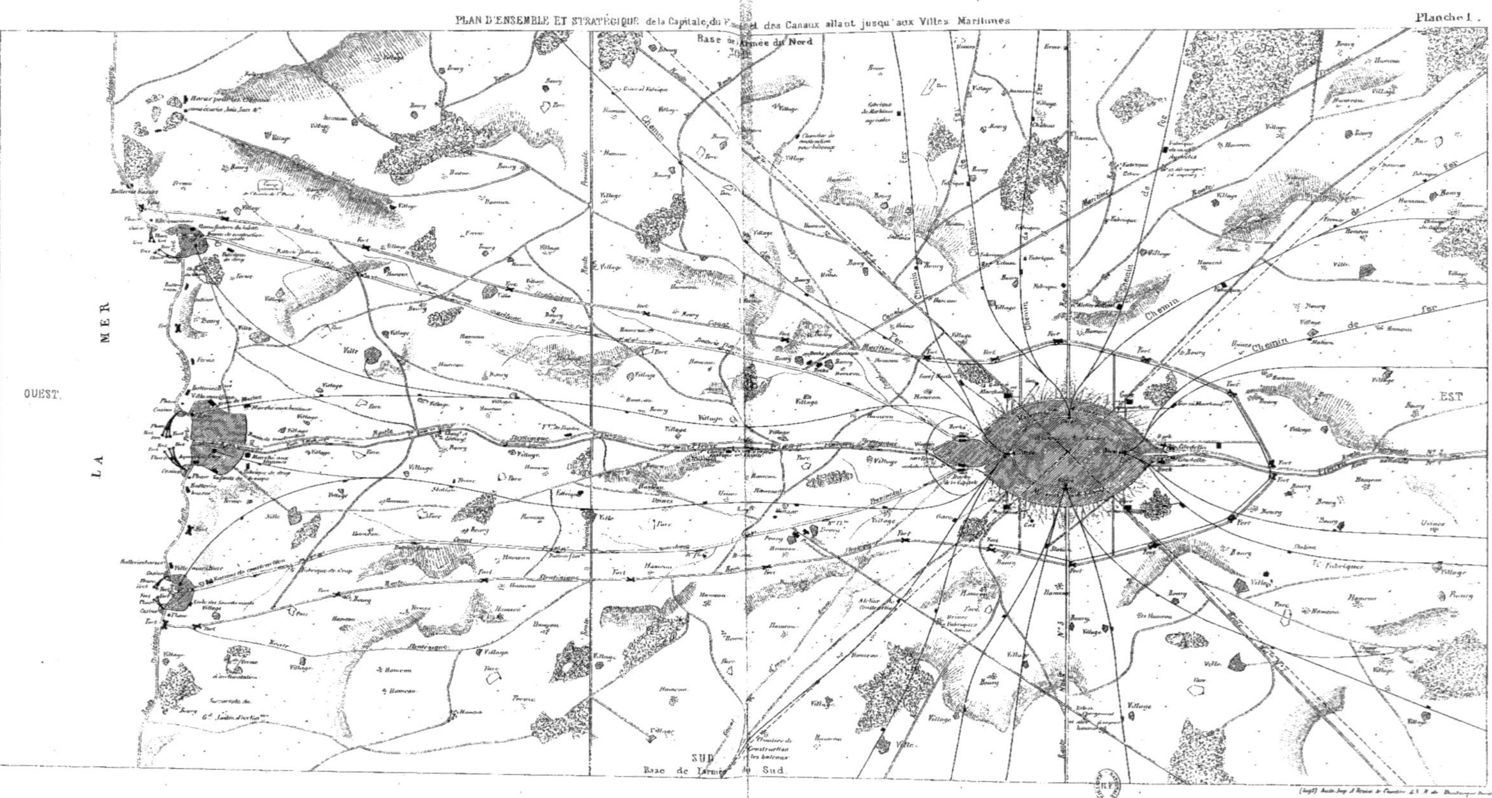

PLAN D'ENSEMBLE ET STRATÉGIQUE de la Capitale, du Port et des Canaux allant jusqu'aux Villes Maritimes
Planche I.
OUEST.
EST.
SUD
Base de l'Armée du Sud.
Base de l'Armée du Nord.
LA MER

casernes logeant infanterie, cavalerie, artillerie et pompiers; dans ces casernes il se trouverait des canons, des pompes à vapeur toujours prêtes; après, sur les rangs divers toujours à cinq ou quatre étages, les magasins des marchands des diverses parties commerçantes, les restaurants, les cafés, etc.; les boulevards présenteraient dans leur largeur des squares, stations, kiosques, fontaines, réverbères, bureaux; et deux routes, une pour les piétons (indépendamment des trottoirs), une autre pour les chevaux et voitures; au milieu, en-dessous, les chemins de fer souterrains, allant des quatre côtés jusqu'au centre (ministères), et venant des quatre stations situées après les grands boulevards au nord, au midi, à l'est, à l'ouest (voir pl. II et X), par les grands ponts sur les bras fluviaux, ponts à trois voies également pour les trains, les voitures, les passants; sur les autres boulevards circulaires allant jusqu'aux quais, seraient ou disposés ou bâtis les hôtels de la haute société à arcades régulièrement et uniformément comme alignement et hauteur de quatre étages (voir pl. II); 2° à leur bout extrême, par deux, quatre grandes halles avec resserres analogues à leur longueur, à toiture légère, aérée : 1° pour la volaille, la viande, le poisson de mer, le poisson d'eau douce vivant dans l'eau courante; 2° et pour les légumes, fruits, fleurs, beurre, œufs, fromage; 3° sur ces boulevards encore, à égales distances, des mairies avec pavillons de secours pour blessés, malades, etc. (voir pl. II), des églises, des écoles; 4° du côté des quais, deux usines à gaz plongeant sur l'eau pouvant recevoir le combustible et recharger les résidus; ces usines seraient spéciales à la cité du centre que nous dessinons (voir pl. VI); 5° comme aux autres boulevards rectilignes, deux voies avec trottoirs, pour des tramways, voitures pour les piétons; au milieu, des squares, fontaines, statues, réverbères, kiosques, bureaux divers pour voitures, indicateurs électriques, (voir pl. VI); 6° à quatre distances égales, sur le côté des habitations à arcades, les cinq établissements suivants : 1° le Collège national, avec la Bibliothèque principale; 2° l'École normale avec ses dépendances; 3° l'Institut, l'Académie; 4° les Jeunes Aveugles; quant aux rues rectilignes, elles seraient en nombre proportionné à la grandeur de la cité centrale; pas d'arcades aux maisons à quatre étages uniformément, trottoirs : 1° avec bouches pour les égouts, comme pour ceux des boulevards, les conduits de ces égouts conduisant du centre, où ils longent, suivant division égale de chaque côté de la cité centrale, les voûtes du chemin de fer souterrain (voir pl. V) et VII); 2° et autres bouches aussi pour l'eau que chaque maison recevrait dans ses divers étages (voir pl. III); douze squares, trois pour chaque quartier, un grand, deux petits, empêcheront l'aspect monotone : 1° dans le grand square au nord-ouest le Palais de Justice, les Tribunaux correctionnels et de commerce, les Cours d'appel et de cassation, la préfecture de Police, les greffes, les dépôts, et l'École de droit; 2° dans le grand square de l'est, au nord, le grand Opéra (voir pl. IX), le théâtre de la Nation (tragédie-comédie), le Conservatoire de musique (avec ses collections, théâtre, bibliothèque), les écoles de déclamation et de danse, l'École des beaux-arts (peinture, architecture, sculpture, gravure) et leurs collections; 3° dans le grand square du sud-est, l'École polytechnique, l'École militaire, les Écoles préparatoires de marine, d'application du génie, d'artillerie, les Invalides, l'intendance générale, groupement des plus utiles, ainsi que les autres, donnant la faculté aux administrations supérieures, dont il ressort, d'avoir d'un seul coup sous la main tout ce qui a trait à l'armée, à l'état militaire, etc.; 4° dans le dernier grand square sud-ouest, l'École de médecine, celle de pharmacie, les Cliniques principales, l'École de chimie, les laboratoires divers, les amphithéâtres de même, l'École des mines et son musée géologique; réunion précieuse comme les trois précédentes, permettant, par cette méthode d'organisation générale, d'abréger les cours, de travailler mieux, d'avoir sur place tous les renseignements, connaissances, les collections spéciales, les livres et tous documents faits pour satisfaire les élèves, les employés, les professeurs, les gens des professions qui se rattachent à ces groupes, et en satisfaisant ainsi aux recherches présentes, pouvant aider à la solution de problèmes nouveaux. Quant aux autres squares plus petits, ils recevront autour de leur jardin et invariablement chacun une mairie avec pavillons pour les blessés, les malades, etc.; des églises, deux écoles ou collèges et lycées; leurs jardins, comme aux autres squares en général, auront des fontaines d'eau jaillissante; cette eau sera, comme pour l'usage des maisons, halles, marchés, établissements de tout genre, rues et bains publics, fournie par des étangs vastes, des réservoirs spacieux et voûtés que nous plaçons convenablement au sud de la capitale (voir pl. II et III) et de là l'eau douce traversant le fleuve et ses bras par des siphons, de larges conduits en fer *ad hoc*, après avoir parcouru un premier espace dans les premières zones où elle devra desservir aussi tous les services publics et particuliers, se déversera partout où il faut dans la Cité centrale (voir le tracé au pointillé pl. III et IV); même par prudence, pour assurer ce service si important partout et pour tous, nous établissons, indépendamment des puits artésiens, sur les boulevards circulaires, et de chaque côté, deux machines à élever l'eau, des arrosages publics des deux bras fluviaux; elles seraient symétriques comme les deux usines à gaz réservées au service de la cité centrale (voir pl. V et VI).

Les autres matières, marchandises, etc., ne manqueraient pas plus que la lumière le soir et l'eau toujours comme on le verra plus loin; l'alimentation de tout, partout et pour tout, serait assurée suffisamment et en tout temps. Si du centre l'on passe les bras du fleuve pourvus de quais des deux côtés, sur les ponts placés en nombre suffisant pour desservir toutes les entreprises : des bateaux à vapeur, voitures, camionnage, tramways, etc., aisément et rapidement, et arriver tant aux quatre grandes stations qu'à la partie des faubourgs, on voit d'abord la continuation : 1° du système de rues rectilignes; 2° des grands boulevards en croix se continuant; 3° des maisons qui y sont situées avec arcades, mais diminuées d'un étage; 4° de squares sur le modèle des plus petits de la cité centrale, mais avec un marché en plus, et l'on s'aperçoit : 1° que nous suivons toujours, dans notre plan, le système symétrique adopté pour la partie précédente; 2° que nous établissons sur les boulevards circulaires, près des quais, le moins possible de magasins, dépôts, entrepôts, etc., pour laisser le coup d'œil agréable des arcades des maisons (voir pl. VII) ; 3° que les tramways sont établis dans les grandes voies; 4° que des places plus grandes, des emplacements plus vastes sont destinés, et chacun dans la direction voulue, pour les grands services établis dans la cité centrale, savoir : 1° au nord-ouest quatre grandes prisons,

NORD
SUD
OUEST
EST
Fleuve
Légende
1 Palais du Chef de l'État
2 Ministère et ...
3 Mairie Nationale
4 Caserne d'infanterie
5 id. de Cavalerie
6 id. d'Artillerie
7 id. de Pompiers
8 Banque
9 Bourse
10 Hôtel de Ville
11 Cathédrale

dont les prévenus, les prisonniers, les condamnés, hommes, femmes, enfants, filles, garçons, vieillards des deux sexes, pourraient être transférés plus facilement au Palais de Justice (voir pl. II et IX), aux tribunaux du grand square nord-ouest de la cité centrale; 2° au nord-est, à un grand jardin de plaisir comprenant un orphéon pour concerts d'été et d'hiver, une salle de bal, un cirque, un grand établissement de consommations modèle (restaurant, café, billards, jeux divers); 3° au sud-est, aux Jardins des Plantes et d'acclimatation, à l'Observatoire (au milieu), aux amphithéâtres et musées, collections d'histoire naturelle, d'anthropologie, etc.; sur les deux côtés, aux cliniques, aux amphithéâtres de dissection, etc., aux divers hôpitaux au sud (et de trois côtés en dehors) avec pavillons et les services d'ambulance, voitures etc.; 4° au sud-ouest (pouvant servir à des expositions universelles), à un vaste polygone ayant sur les côtés la fonderie de canons, les gymnases militaires, les tabacs, les manutentions, les écoles de tir et de natation, avec facilité d'établir au centre en tout temps : 1° un champ de manœuvres; 2° un manège militaire, 3° un hippodrome public pour les courses de chevaux, par un système de constructions et de tribunes qui ne gênerait en rien les manœuvres, les tirs qui se feraient d'ailleurs en d'autres jours que ceux réservés aux curieux et aux plaisirs des sportsmens, chacun de ces emplacements offrant toujours le complément des autres grands squares de la cité centrale; l'on s'aperçoit encore (voir pl. I et II) qu'il y a quatre grandes cités ouvrières placées où il y a le plus d'eau fluviale, quatre casernes aussi au nord, comme au midi, que les voies de chemins de fer des quatre stations s'y multiplient et prenant plus de largeur en terrain se dirigent vers un deuxième système de bras de fleuve navigable, avec quatre grands viaducs établis pour elles sur ces bras, que d'autres ponts y sont jetés pour les voiturages, transports, passage public, que des quais sont établis auprès des ponts des deux côtés, et qu'enfin l'on entre dans la zone suburbaine, où sont : 1° les usines, manufactures, fabriques, grands ateliers, industries importantes, où l'on arrive par les chemins de fer qui y ont leur première station, par les tramways des faubourgs, les voitures publiques partant même du centre, ou pédestrement par les grandes artères qui se continuent en divers sens jusqu'aux docks et canaux maritimes, redoutes et forts, cimetières, réservoirs des eaux, entrepôt de blés, bestiaux, bois et charbons divers, abattoirs, voieries, équarrissage, vidanges, blanchisseries, bois, jardins et pépinières, fourrières, grandes remises et écuries des voitures publiques, camionnage, tramways, des pompes funèbres, et des hôpitaux. Les maisons de cette troisième partie rayonnant autour du point central, palais du chef de l'État, n'auraient obligatoirement que trois étages, ne recevraient plus l'eau à l'intérieur, dans les rues rectilignes avec trottoirs et égouts, existant : 1° des fontaines en grand nombre; 2° des squares avec pièces d'eau, ayant dans leur pourtour mairie avec salles spéciales pour malades, marchés, églises, écoles des deux sexes, suivant l'harmonie des autres parties de la capitale, pour le plus heureux fonctionnement, l'économie dans tous les services publics, administratifs, militaires, gouvernementaux, civils, scolaires, de charité, des postes et télégraphes, et autres de quelque nature qu'ils soient (voir pl. II, VIII).

La culture si nécessaire pour la nourriture des habitants n'est pas oubliée dans notre plan, et comme on le voit par les docks, les canaux, les chemins de fer, l'autre côté alimentaire ne l'est pas non plus. En effet des ruisseaux, partant symétriquement (voir pl. II) des deux bras supplémentaires du grand fleuve, arroseraient les plants des maraîchers en grande partie, et les entrepôts des divers produits aux docks en recevraient des approvisionnements indispensables; dans l'ordre apporté dans les docks, on éviterait encombrements, insalubrité, embarras inhérents à une mauvaise organisation; par notre système, qui donne à chaque partie des docks spéciaux un canal maritime spécial amenant par la navigation à vapeur et rapidement leurs marchandises spéciales des deux villes maritimes de quatrième ordre, qui sont pourvus de ports, docks, casinos, etc., etc., et laisse au grand fleuve la navigation des retours à la ville maritime de second ordre placée à son embouchure si heureusement, aucun retard, aucun obstacle, aucune collision ne viendrait interrompre la marche du commerce maritime, pas plus le jour que la nuit, dont on combattrait l'obscurité par des phares de distance en distance, voire même par l'éclairage électrique ou la lumière du gaz : 1° avec la capitale; 2° et avec les provinces qui sont desservies par la prolongation du canal maritime (ayant des docks au point de jonction. Voir pl. I).

Ainsi, pour ces trois parties de notre capitale, tout serait établi à sa place, offrirait même, dans les approches, les communications de trois côtés distincts, avec la mer toutes facilités d'entrée, de parcours, d'arrivages, de départs, une ordonnance supérieurement avantageuse, qu'augmenteraient encore les chargements et déchargements promptement pratiqués par des grues à vapeur en grand nombre, par deux à la fois pour chaque navire, et les services supplémentaires, placés aussi où il le faut, pour compléter d'une manière irréprochable le mouvement pour ainsi dire perpétuel du commerce général, donnant encore plus d'importance à notre capitale, à laquelle nous n'assurons pas moins de sécurité, comme on va le voir.

CHAPITRE III

DE LA DÉFENSE DE LA CAPITALE

Dans les systèmes militaires et progressifs qui ont exigé le changement des anciens matériels de guerre, et où l'artillerie, changeant la vieille tactique, joue un rôle si puissant, il ne peut plus être question, pour défendre une capitale, des modes de fortification du XVIIIe siècle, et même du système à la Vauban qui ne peut guère être maintenu que pour les places fortes de ravitaillement aux frontières, pas plus que de lignes d'ouvrages continus comme une muraille semblable à celle qui entoure Paris; la circulation, le mouvement, la navigation en tout genre en seraient gênés; comment aussi y établir une citadelle ou des citadelles comme le comporte le plan du génie militaire dans toute place forte, sans absorber, pour cette partie importante de la défense, de vastes terrains si utiles au développement d'une métropole, entraver son activité par de nombreuses servitudes militaires? Le plan que nous proposons offre dans son étendue plane, par son voisinage avec la mer surtout, avec la ville maritime à laquelle nous donnons aussi une défense à la fois maritime et militaire, des avantages multiples dont il faut savoir tirer parti: pour mettre à l'abri les docks commerciaux du nord de la capitale, ceux de la ville maritime au bord de la mer, protéger les deux villes, surtout la navigation qui les alimente et les canaux qui les unissent pour les développements progressifs, incessants, complets, sans lesquels il ne peut exister de métropole puissante. Pour permettre à cette prospérité d'atteindre son apogée, de continuer pour laisser en tout temps libres les communications indispensables avec la mer, sans gêner en même temps les voies ferrées et les routes fréquentées qui relient ainsi la métropole à cette mer, en même temps par les docks généraux, les stations diverses, etc., nous imaginons une défense première du côté de la mer, aux points où nous faisons déboucher d'abord le grand fleuve, et de chaque côté aussi des deux canaux maritimes partant des deux autres villes maritimes plus petites, canaux destinés l'un à recevoir les navires allant aux docks d'approvisionnements de blé, céréales, pétrole, vins, alcools, sucre, huiles, épices, bois divers et de chauffage, charbons de terre et de bois, abattoirs, et l'autre ceux qui viennent aux docks d'approvisionnement de métaux, laines, produits manufacturés en fer, des fontes, aciers, cuivres, des diverses machines pour industries diverses, des matières de diverses natures, des autres marchandises pour l'industrie et le travail; toujours en commençant le système de défense du côté de la mer (voir pl. I), en le continuant : 1° en avant des routes des voies ferrées des canaux et du fleuve par des forts détachés à feux croisés, à des distances convenables,

2° des retraites sur les canaux et le fleuve pour y loger soit des batteries flottantes de première force, soit des canonnières à vapeur munies de canons Armstrong, ainsi que les batteries flottantes de canons à longue portée; 3° au besoin par des redoutes en terre et des camps retranchés; 4° par les ruisseaux entrecoupés se multipliant dans les cultures maraîchères (voir pl. I et II); 5° par les autres forts et la citadelle en deux parties circulaires à trois demi-couronnes, à cheval sur le fleuve, au midi (voir pl. II et VIII) et entourées d'eau. Ce système de défense régulier, conséquent, en harmonie avec le reste, étant assez éloigné de la capitale, n'entraverait en rien son grand mouvement commercial, lui donnerait comme à la nation une force, une sécurité, une puissance nouvelles, sans lui imposer des dépenses trop grandes en cas d'attaque, lui laisser même les risques d'être attaquée, assiégée, en un mot sans l'exposer à subir les désastres et suites d'une guerre.

D'ailleurs encore, des troupes nombreuses, pour en imposer davantage, pourraient être logées dans les forts détachés, près desquels, pour plus de garantie pour le gouvernement, seraient des fabriques de poudre, de dynamite et d'artifices, des ateliers, des écoles militaires pour régiments, des cantines aussi et tout établissement regardant le militaire. Ces forts, renfermant ainsi des hommes de toute arme, auraient leur matériel spécial toujours en bon état et seraient prêts à tout événement.

CHAPITRE IV

AVANTAGES DU PLAN PROPOSÉ

Satisfaire par tous les moyens exposés à toutes les exigences nationales, gouverne-mentales, militaires, civiles et municipales, concentrer mieux tous les services si multiples, si divers de l'État et de la ville, installer tous ces services logiquement, et relativement suivant qu'ils se regardent l'un l'autre, suivant leurs spécialités dans des directions ou quartiers respectifs, toujours au plus près des administrations supérieures dont ils relèvent, donner l'alimentation au commerce, satisfaire aux besoins d'organisation dans tous les établissements, donner toutes commodités possibles, établir l'hygiène, au corps assurer la vie quotidienne, en même temps que les lumières de la science à l'âme, placer en un mot, au dedans comme au dehors, tout économiquement et confortablement à sa place, tel a été notre but en écrivant, en dessinant cet ouvrage.

Si l'on avait donc une capitale à bâtir, à changer pour la reporter plus près de la mer, ou même une grande ville à construire, ce qui n'est pas impossible surtout pour l'Amérique du Nord, dans l'exécution de son dessin projeté de relier, par un large canal et l'élargissement de certains fleuves, les golfe et rivière Saint-Laurent au golfe du Mexique, et pour les principautés du Danube dans leur agrandissement par suite du traité de Berlin, on pourrait, en laissant de côté la partie stratégique et de la défense, s'il n'est pas nécessaire, suivre le plan que nous donnons et qu'on peut encore perfectionner, suivant la position, les moyens et l'importance de la nation, ou les progrès que l'avenir peut amener.

Quand même on n'aurait pas de métropole à fonder, qu'on n'aurait qu'à l'améliorer par des changements notables et profitables à y apporter, comme : 1° l'exploitation économique dans tous les commerces, établissements divers; 2° l'épargne du temps et de l'argent par des concentrations heureuses, etc., etc., qu'exigent, qu'appellent le progrès, l'hygiène, pour des dispositions nouvelles ; 3° un ensemble de perspective, quartiers mieux aérés, édifices mieux placés, écoulements bénéficiables pour la capitale, et des eaux des égouts et des eaux fluviales dans les campagnes par de grands collecteurs; 4° une répartition meilleure des eaux publiques, et éclairage perfectionné; 5° une série d'écoles plus spécialement pro-fessionnelles; 6° l'élargissement et l'augmentation dans la navigation, les voies ferrées, les routes, les rues pour offrir le plus de débouchés possibles à la prospérité de la ville; pour les ressources à donner au travail national; on le voit, non seulement notre capitale, mais les trois autres villes maritimes (voir pl. I) concourent avec leurs routes et canaux à assurer des ressources précieuses, des améliorations considérables.

S'il s'agissait d'une capitale militaire et fortifiée, on n'oublierait pas de suivre la disposition que nous indiquons dans notre ouvrage, disposition consistant à diminuer par rayons et d'un étage maisons et édifices, afin que du point central on puisse planer sur toute la ville et la campagne et en observer, soit pour un motif, soit pour un autre, les approches, les routes, les canaux et les voies qui y aboutissent; et à reporter les forts, etc., le plus loin possible.

Après avoir pensé à toutes les exigences des services gouvernementaux, municipaux de tous genres, nous n'avons pas oublié les récréations publiques et les locaux et emplacements pour fêtes nationales et autres, comme aussi pour les expositions internationales, nationales, de diverses natures, artistiques et scientifiques, congrès, concours, qui relèvent une nation par les perfections et les progrès acquis, en même temps que son commerce et son travail par l'esprit d'ordre et de conservation, la développent en sa puissance, la rendent respectable aux yeux des autres peuples.

A tous ces avantages, il faut joindre la gloire d'avoir une belle, grande et forte capitale, donnant la mesure de la puissance nationale dans toutes les branches politiques et sociales, scientifiques et littéraires, artistiques et industrielles, avec un gouvernement éclairé, respecté, qui sait en imprimant l'élan, en donnant l'essor partout, se rendre digne du pays qu'il représente, et de la capitale où sa résidence est établie.

Lorsqu'une nation, une capitale ont cette double satisfaction patriotique, et voient l'étranger aborder, venir de toutes les contrées du globe pour admirer leurs merveilles, profiter de tous leurs avantages en les faisant profiter elles-mêmes, elles n'ont plus qu'à chercher à accroître leur chance heureuse et pacifique, en adoptant la politique digne et juste, modérée autant qu'éclairée, qui les maintienne à ce degré de fortune et de puissance.

Paris. — A. Quantin, imprimeur. 7, rue Saint-Benoît.

CONDUITES PRINCIPALES SOUTERRAINES d'eau potable, en 2 parties égales, et longitudinales à partir des Boulevards (Est . Ouest)

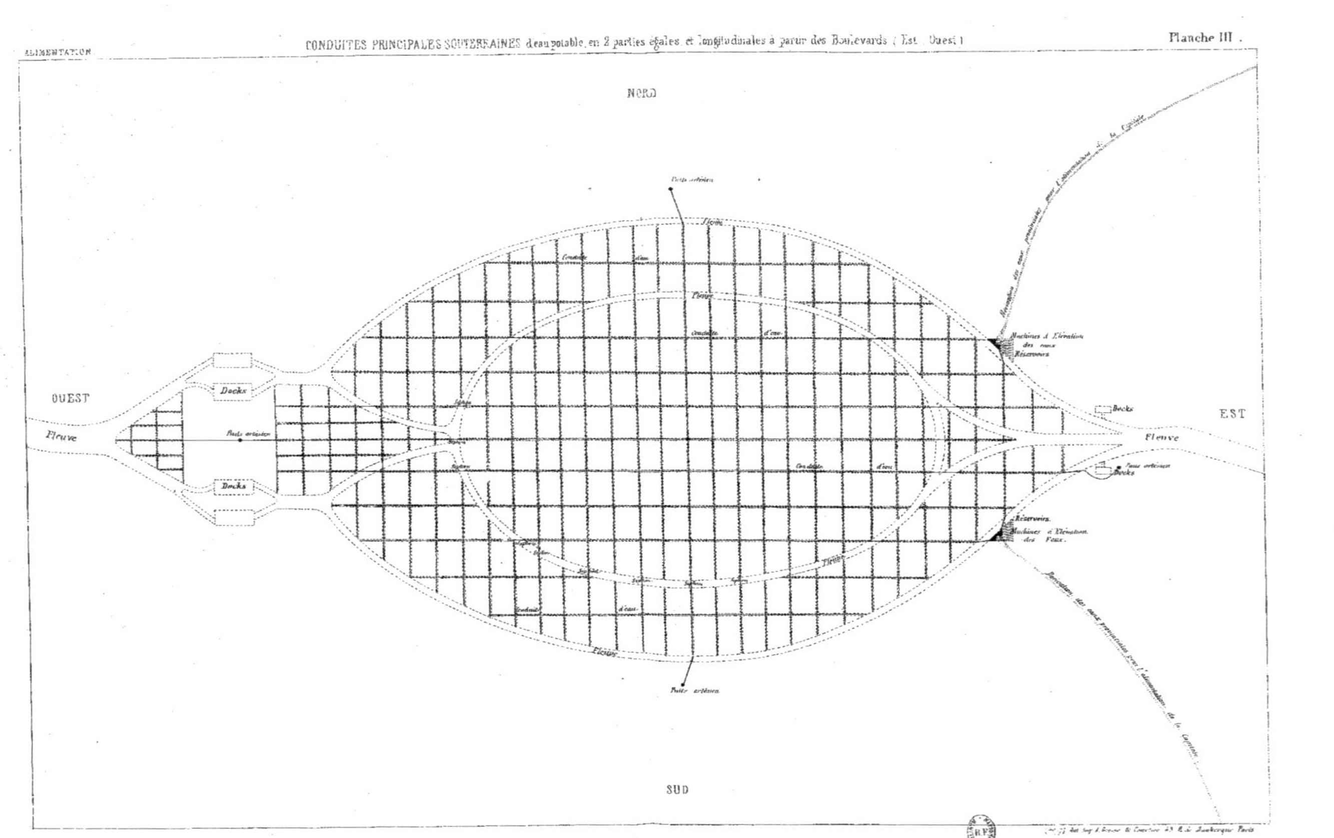

CONDUITS PRINCIPAUX D'ARROSEMENTS PUBLICS en 2 parties égales et longitudinales à partir des Boulevards (Est et Ouest)
Planche IV .
NORD
SUD
OUEST
EST
Fleuve
Fleuve
Docks
Docks
Dock
Dock
Puits artésien
Puits artésien
Puits artésien
Puits artésien
Puits artésien
Conduit
Conduit
Conduit
Conduit
Conduit
Conduit
Conduit d'arrosement
Siphon
Siphon
Fleuve
Fleuve
Fleuve
Dérivation des eaux d'arrosement
Dérivation des eaux d'arrosement

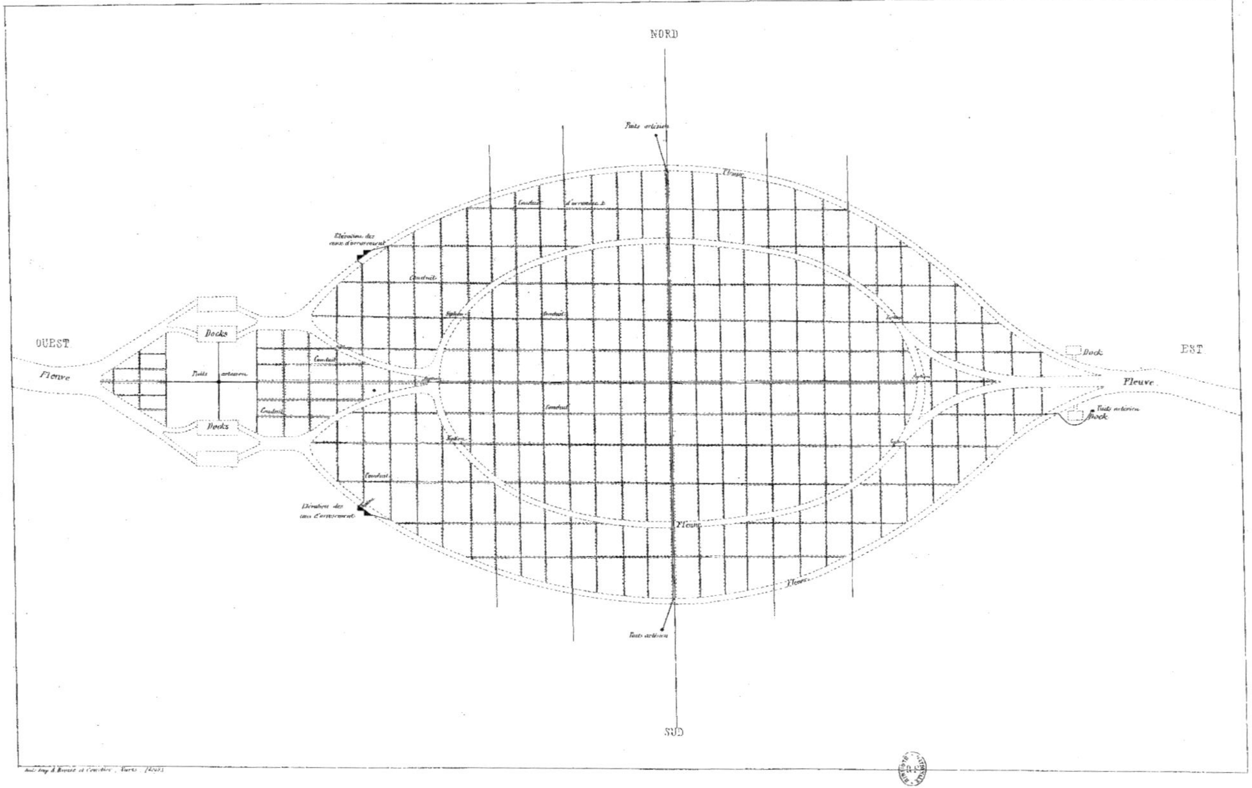

Légende
Rues
Égouts
Branchage } des eaux
Puits perdus } des égouts
Réservoir
Collecteur
Grand égout
Égout

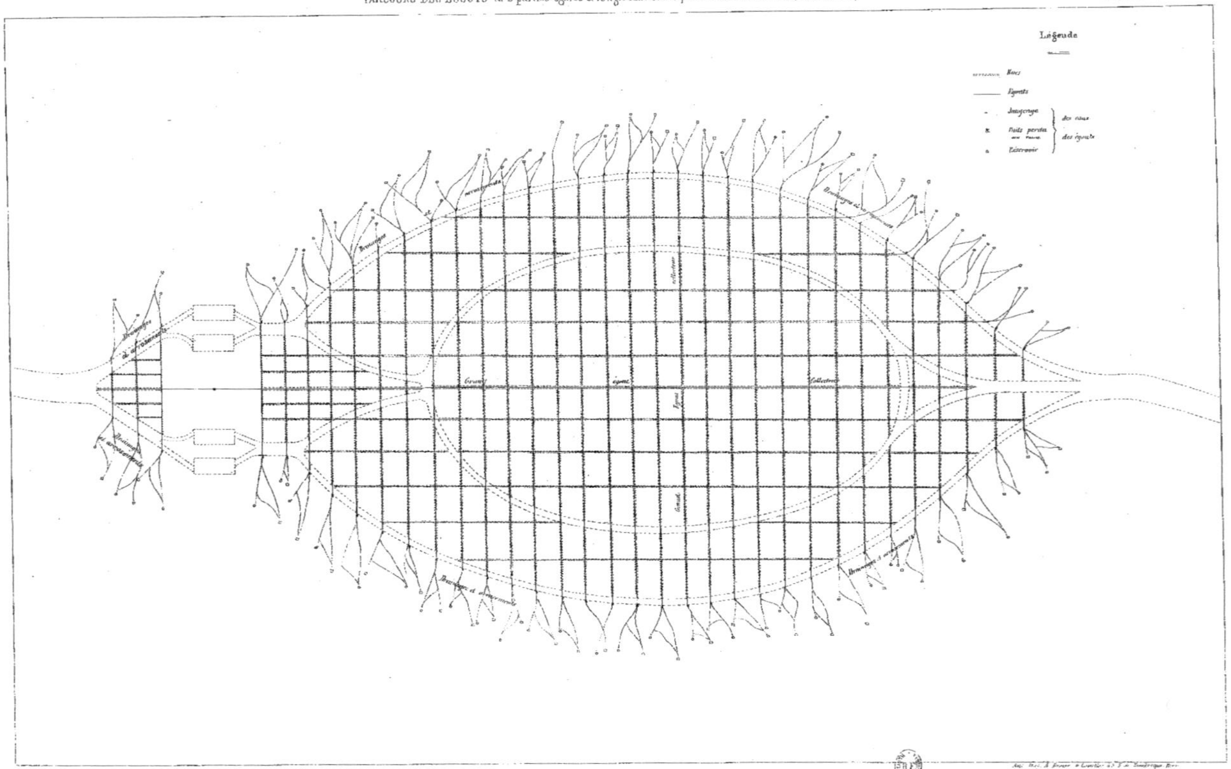

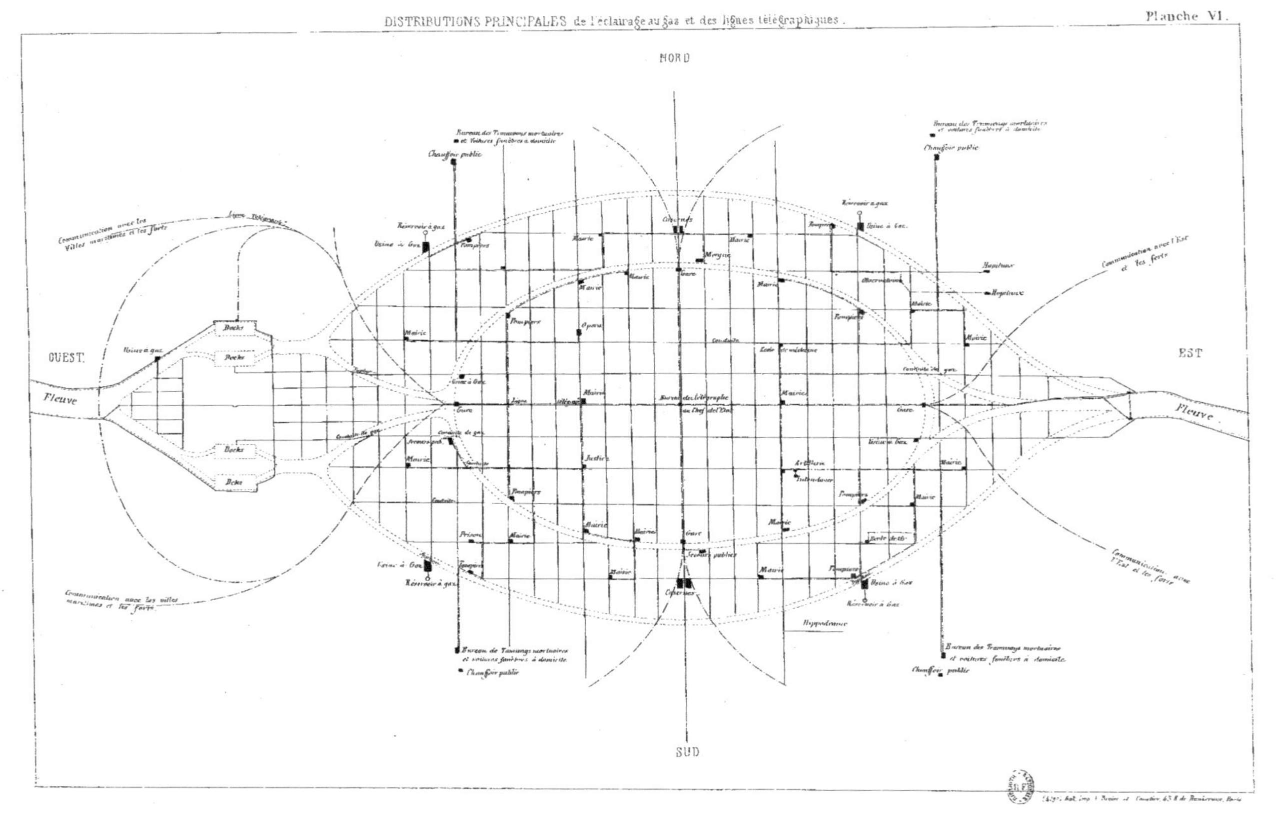

Imp. Becquet, 43 R. de Bondenoux, Paris

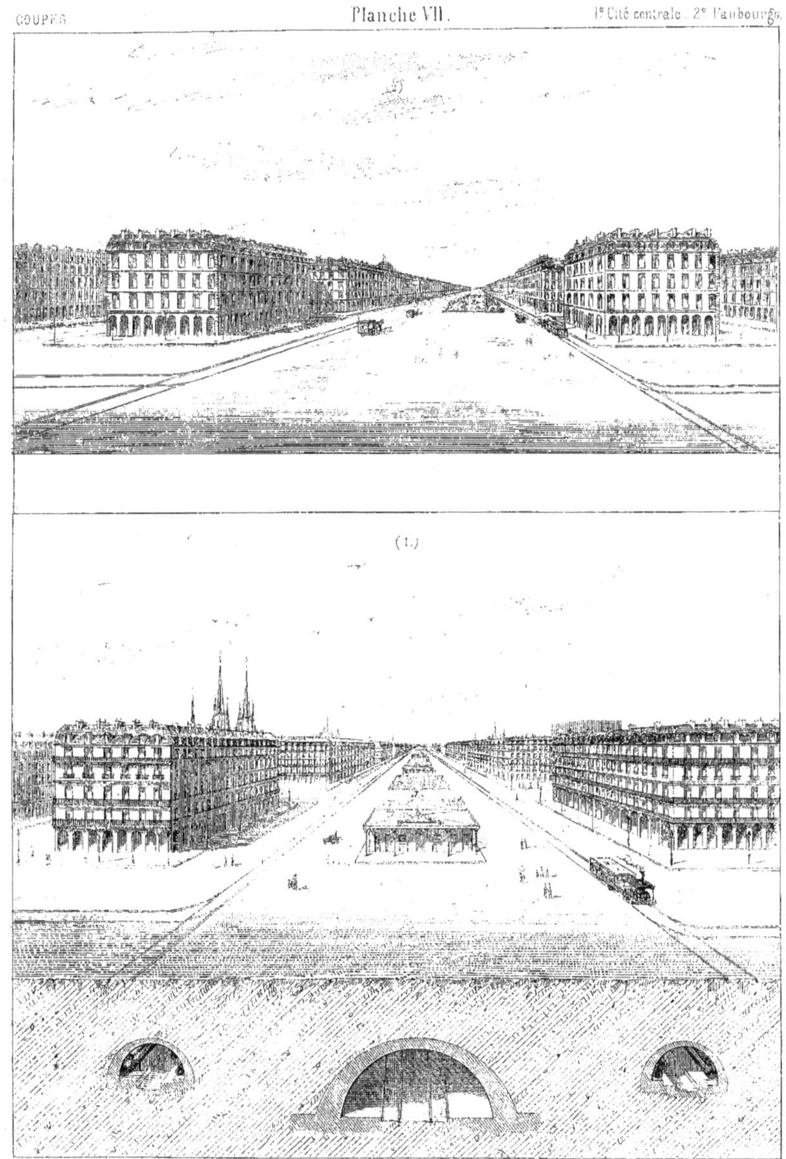

(I.)

Planche VIII.

{ Quai, zône suburbaine,
{ et citadelle circulaire (moitié).

Planche IX.

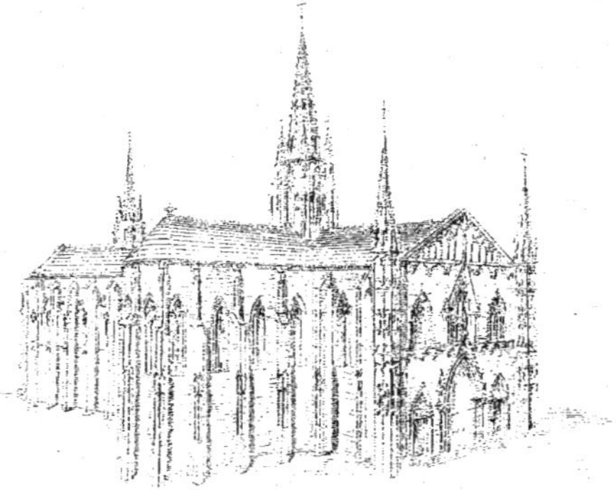

Église.

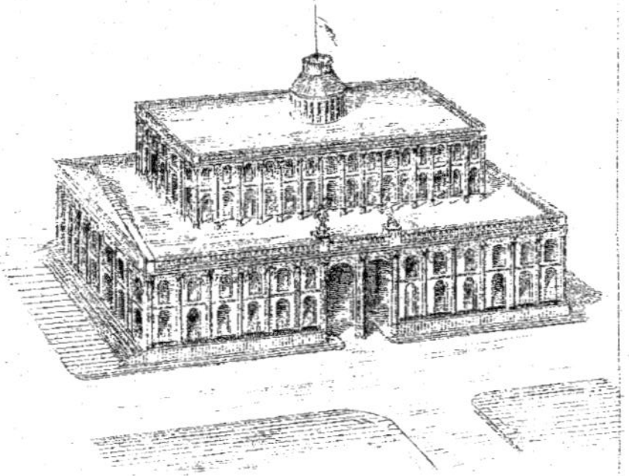

Opera.

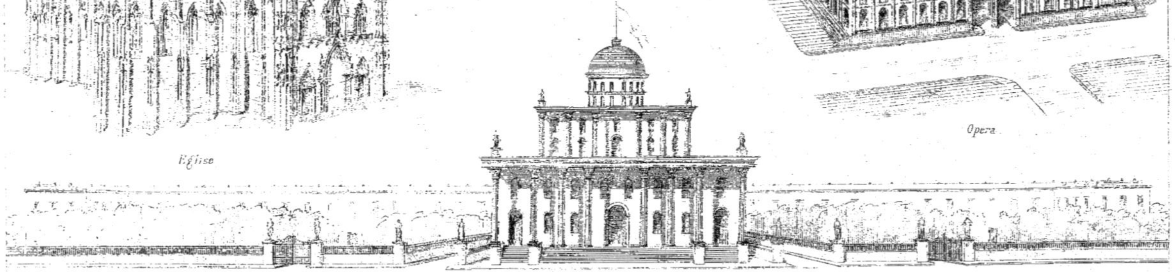

Palais du Chef de l'État avec ses ministères.

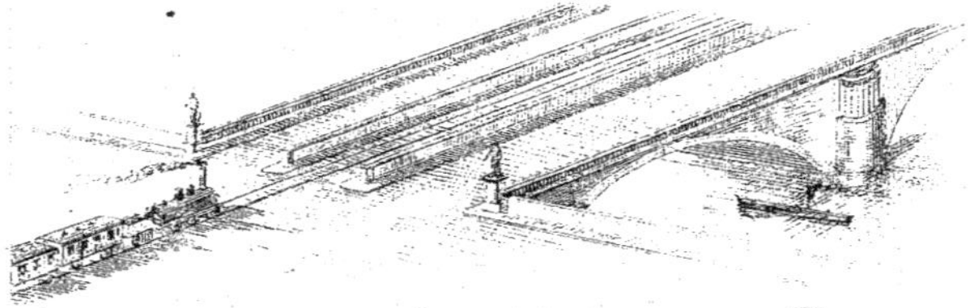

des 4 Ponts à 3 sections à l'extrémité des boulevards principaux.

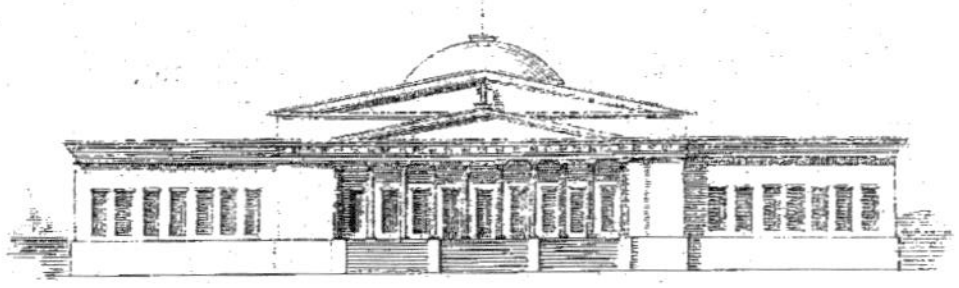

Palais de Justice.

Lith. Imp. A. Broise & Courtier, 43, R. de Dunkerque, Paris.

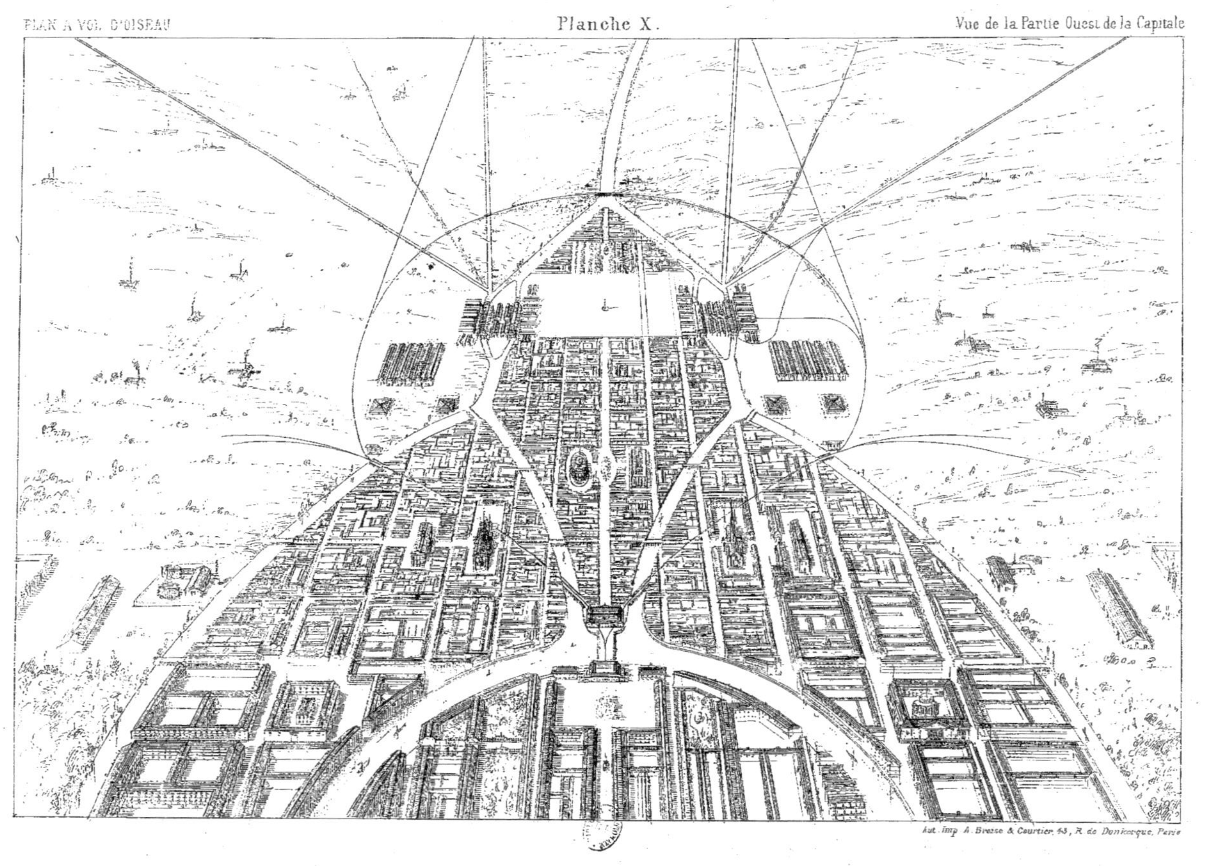

Aut. Imp. A. Bresse & Courtier, 43, R. de Dunkerque, Paris